# LE JOLI

# TAMBOURIN.

Au son du tambourin
Dansez jeunes fillettes,

# LE JOLI

# TAMBOURIN,

OU

## LA DANSE AU VILLAGE,

## ALMANACH

CHANTANT

*pour la présente anuée.*

A PAPHOS.

*Cet almanach, ainsi qu'un grand nombre d'autres, fins et communs, Se trouve à Paris,*

Chez JANET, Libraire, rue Saint-Jacques, 59.

Chez MARCILLY, Libraire, rue Saint-Jacques, 21.

A LILLE,

Chez VANACKERE fils, Imprimeur-Libraire, place du Théâtre, N.° 10.

*Et chez les principaux Libraires du Royaume.*

# RAGONDE.

**Andante.**

De-vant son miroir de Ve-

ni se, Rê-veuse et dolemment as-

si-se El-le in-cli-ne un front sou-ci-

eux; El-le incline un front sou-cí-

eux, De sa pa-ru-re commen-

cé-e, Dis-trai-te, oublieuse et las-

sé — e, Toute à la si-nistre pen-

sé — e. Qui ter - nit l'é -

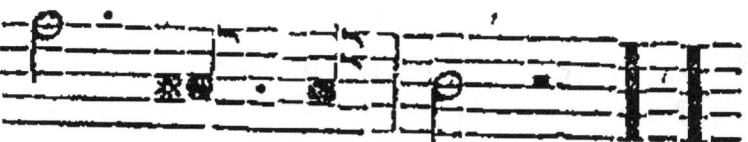

clair de ses yeux.

« Qu'a-t elle donc notre duchesse,
Se demandaient avec tristesse
Les damoiselles du château?
Craintive pour sa fille Isène,
A -t-elle vu la bohémienne
Dans l'ombre errer comme une
hyène
Sous les parapets du préau?

« Qu'a-t-telle donc, par mon bap-
    tême,
Soupirait son chapelain même,
L'air inquiet et rembruni ?
A-t-on soustrait de l'oratoire
Ce riche coffre où dans la moire
Dort le rosaire à nœuds d'ivoire
Que pour elle un pape a béni ? »

« Qu'a-t-elle donc, émus d'alarmes,
S'entredisaient les hommes d'armes
En l'absence du suzerain ,
Le félon vicomte d'Aumale
Doit-il , par ruse déloyale ,
Assiéger la herse ducale
De ses couleuvrines d'airain ? »

« Qu'a-t-elle donc dame Ragonde,
S'enquéraient tout bas, à la ronde,
Les serfs et manans en émoi ?
Quel message s'est fait connaître
Touchant notre seigneur et maître?
Prisonnier sans doute ou peut-être
Trépassé dans les camps du roi ! »

Non! Sa jeune enfant est près d'elle,
Son rosaire dans sa chapelle ,
Son vassal à ses lois tremblant :
Et le duc que la paix ramène...

Jésus! d'où lui vient donc sa peine?
Hélas, dans ses cheveux d'ébène
Elle a surpris un cheveu blanc !

~~~~~~~~~~~~~~~~~~~~~~~~~~~~~~~~~~~~~~~~~~~~~~~~~

# POINT DE BRUIT.

AIR: *Garde à vous!* (de la Fiancée.)

POINT de bruit !    ( *bis.* )
Ecoutons.. voici l'heure ;
Ah ! quitte ta demeure,
Hermance, il est minuit...
    Sors sans bruit !    ( 3 *fois.* )
Quelqu'un, je crois, s'avance;
C'est elle ! c'est Hermance
Qu'Amour vers moi conduit...
    Point de bruit ! ( 5 *fois.* )

    Point de bruit !
Ta marche est chancelante,
Et ta main est tremblante ;
Hâtons-nous ! le Temps fuit...
    Point de bruit !
Que l'Amour te rassure !
Calme, je t'en conjure,
L'effroi qui te poursuit !
    Point de bruit !

# SUZON ET LUBIN.

## CHANSONNETTE.

AIR : *N'est-il, Amour, sous ton empire ?*

Suzon avait gentil corsage,
    Attraits naissans,
Cœur tendre , œil vif et doux langage ,
    Et ses quinze ans.
Aux champs elle était la première
    Chaque matin ;
Un berger cherchait à lui plaire ,
    C'était Lubin.

Leurs moutons entre eux dans la plaine
    Se confondaient ;
Et leurs cœurs, le croirez sans peine,
    Bien s'entendaient.
Advint qu'un jour l'orage gronde ,
    Et l'éclair luit ;
La foudre éclate; horreur profonde!
    Voici la nuit !

Que faire alors ? on se désole,
    Le ciel est noir,
L'Amour les guide, les console,
    Leur rend l'espoir.
Tous deux sous l'abri solitaire
    D'un chêne creux,
Pieusement font la prière
    Des malheureux.

Le ciel s'éclaire, avec vitesse
    Chaque berger
S'éloigne, et craint pour sa maîtresse
    Nouveau danger.
Lubin moins pressé, veut attendre
    La fin du jour ;
Suzon aimait tant à l'entendre
    Parler d'amour.

Lubin avait de la bergère
    Calmé la peur.
Grands dieux! que va dire sa mère?
    Autre frayeur !
Grâce à l'orage, la pauvrette
    Eut son pardon ;
Mais depuis elle est inquiète....
    Pauvre Suzon !

# VIVENT LES SOTS.

AIR : *J'ons un curé patriote.*

LAISSONS un censeur caustique
Siffler tout le genre humain,
Les honnêtes gens qu'il pique
Lui feront un beau chemin.
Non, non, sur un ton plus doux
Essayons de plaire à tous.
    En deux mots ( *bis.* )
Mes amis vivent les sots
    Vivent les sots ! ( *bis.* )

Que d'amans croyant aux belles,
Que d'infirmes aux docteurs,
Que d'amateurs de nouvelles,
Que de guerriers, que d'auteurs.
Oh ! les sots, c'est constaté
Sont bien en majorité !
    En deux mots, etc.

Séché de soucis, de veilles,
Le savant est mal en point,
Dormant sur les deux oreilles,
Le sot crève d'embonpoint.

Or, quel bien sous le soleil
Vaut mieux qu'un profond sommeil?
     En deux mots, etc.

Craignant de troubler l'usage
De sa sublime raison,
On voit le prétendu sage
Bouder au second flacon.
Un sot se grise et fait bien
Sachant qu'il ne risque rien
     En deux mots, etc.

Vous savez que la fortune
N'est pas pour les gens d'esprit,
Leur présence l'importune,
C'est aux sots qu'elle sourit.
On ne voit que trop, hélas!
Qu'ils dominent ici bas.
     En deux mots, etc.

Et puisqu'enfin la sottise
En ce monde est le bon lot,
Bien fou qui se formalise
D'être traité de falot!
Trinquons, et sans vanité
Buvons à notre santé!
     En deux mots, ( *bis.* )
Mes amis, vivent les sots,
    Vivent les sots, (*bis.*)
           CH. FALLOT.

# JE SUIS MALADE

## ET

## JE ME PORTE BIEN.

AIR : *Je suis Français, etc.*

DE soupirer je n'ai pas l'habitude ;
Je ne connais qu'un seul mot, le
    plaisir ;
L'Esprit malin m'offre-t-il une
    prude,
Je suis malade , oh! malade à
    mourir !
Mais près de femme aimable, jeune
    et belle ,
Dont le cœur bat aussi fort que
    le mien ,
Et qui pour moi cesse d'être cruelle,
Oh! mes amis, que je me porte bien!

Je bois beaucoup , et vous pensez ,
    sans doute ,
Que l'eau souvent sert à me ra-
    fraîchir ?

Détrompez — vous : quand par
    malheur j'en goûte,
Je suis malade, oh ! malade à
    mourir !
M'avez-vous vu lorsqu'à table on
    débouche
Quelques flacons de pur Saint-
    Émilien ?
Dès que le verre approche de ma
    bouche,
Oh! mes amis, que je me porte bien!

Je n'eus jamais l'âme très-belli-
    queuse,
Ai-je entendu le canon retentir,
Je n'en puis plus... et d'une peur
    affreuse
Je suis malade, oh! malade à mourir.
Petit billet m'apprend-il que l'on
    dîne
Chez un ami, joyeux épicurien,
En approchant du feu de la cuisine,
Oh! mes amis, que je me porte bien!

Voyez Damis applaudir au théâtre
Des opéras faits pour nous étourdir..
Aux sons bruyans des airs qu'il
    idolâtre,

Je suis malade, oh! malade à
      mourir !
Au vaudeville, où chaque ritour-
      nelle
M'annonce un air que toujours je
      retien,
Dans le couplet quand l'esprit étin-
      celle,
Oh! mes amis, que je me porte bien!

Je le sais trop, pour le fatal
      empire
Un jour viendra qu'il me faudra
      partir ;
Alors, messieurs, je vous dirai
      sans rire :
Je suis malade , oh ! malade à
      mourir !
Ne croyez pas pourtant que je désire
Vivre très-vieux... Grâce à mon
      Galien,
Cent ans, au plus, je voudrais
      pouvoir dire ;
Oh! mes amis, que je me porte bien!

# PARODIE.

AIR : *Ni jamais , ni toujours.*

« JE n'aimerai jamais , »
Disait une écaillère.
« Ce sont de vains projets ,
Reprit un militaire ;
Ni jamais , ni toujours ,
N'est la devise des Amours !»

« Moi, je veux t'adorer,
Et te rester fidèle ,
Toujours et te jurer... »
« Ne jurez point , dit-elle ;
« Ni jamais . ni toujours ,
N'est la devise des amours. »

Changeant de garnison,
Notre troupier volage ,
En désolant Suzon
Vérifia l'adage.
Ni jamais , ni toujours ,
N'est la devise des Amours.

# MA RETRAITE.

## CHANSONNETTE.

Air du *Pas redoublé de l'infanterie.*

En avant! toujours en avant!
    Et ta fortune est faite,
Me disait Mars en me donnant
    Ma première épaulette :
Aussitôt je saute à cheval,
    Je dis : sonnez, trompette!
Lorsque je serai maréchal,
    Je prendrai ma retraite.

En avant! toujours en avant!
    Pour aller à la guerre,
J'ai vendu mon moulin à vent
    Et ma gentilhommière.
Trente ans j'ai, comme les héros,
    Sans sommier ni couchette,
En plein-champ dormi sur le dos,
    Et je prends ma retraite.

En avant! toujours en avant!
    Si j'ai bonne mémoire,
J'ai suivi mon drapeau flottant

Du Niémen à la Loire ;
J'ai vu Fleurus et Marengo ,
Le grand Caire et Damiette ,
Moscou , Leipsick et Waterloo ,
Et je prends ma retraite.

En avant ! toujours en avant !
Qui trouve-t-on ? La Gloire.
C'est beaucoup , c'est un mot
brillant
Qui rime avec Victoire.
Moi j'ai reçu dans les combats
Plus d'un coup d'escopette ;
Eh bien ! je n'en suis pas plus gras,
Et je prends ma retraite.

En avant ! toujours en avant !
Je croyais pouvoir faire
Lestement, comme auparavant ,
Mon service à Cythère ;
Je chiffonnais de doux appas ;
« Monsieur, me dit Suzette ,
A coup sûr vous n'y pensez pas !
Prenez votre retraite. »

« En avant ! toujours en avant »
Dit le dieu de Cythère ;
Mais, pour aller plus doucement,
Je m'adresse à son frère.

L'Hymen, dans son grand regiment
   Me donne une cornette ;
Et ce poste est assurément
   Un poste de retraite.

En avant ! toujours en avant !
   Il faut rire, il faut boire,
Puis là bas descendre gaîment
   Pour pinter l'onde noire.
Amis, songeons qu'à chaque instant
   La camarde nous guette,
Que chaque mort est un vivant
   Qui passe à la retraite.

# LE PAGE

## COMME IL Y EN A PEU.

### CHANSONNETTE.

#### Air à faire.

TRAITS enchanteurs, tant douce
      image !
De mon cœur partout et toujours
Vous êtes les chères amours,
Disait un jeune et tendre page,

Dès que le jour luit
Je vois mon Estelle ;
Et c'est encore elle
Lorsque le jour fuit.

Quand, au réveil de la nature,
Des oiseaux les joyeux concerts
Se font entendre à l'univers
Qui reprend toute sa parure ;
    Dès que le jour luit,
    Moi, j'entends Estelle ;
    Et c'est encore elle
    Lorsque le jour fuit.

Allez, allez autour des belles,
Voltigeant dans tous les salons,
Infatigables papillons,
Pour y chercher roses nouvelles !
    Dès que le jour luit,
    Moi, je cherche Estelle ;
    Et c'est encore elle
    Lorsque le jour fuit.

Dans la chimère qu'il caresse
Espérant un sort plus heureux,
Que nuit et jour l'ambitieux
Rêve grandeur, honneurs, richesse!
    Dès que le jour luit,

Moi, je rêve Estelle ;
Et c'est encore elle
Lorsque le jour fuit.

〰〰〰〰〰〰〰〰〰〰〰〰〰〰

# MES
# DERNIERS AMOURS.

### CHANSONNETTE.

AIR : *De la treille de sincérité.*

Las de courir de belle en belle,
On me verra, sur mes vieux jours,
Fidèle
A mes derniers amours.

Depuis qu'à mes tendres folies
L'âge m'arrache sans retour,
Je renonce aux femmes jolies,
A Vénus, à toute sa cour.
Aux genoux de Claire ou Rosine
On ne me voit plus soupirant ;
Mais, pour la cave et la cuisine
Je brûle d'un feu dévorant.
Las de , etc.

Ah ! puisque l'enfant de Cythère
Tout bas m'adresse ses adieux,
Bourgogne, Champagne et Madère,
Soyez mes rois, soyez mes dieux !
Toi, ma table, sois ma maîtresse !
Reçois mes sermens et ma foi !
Jamais d'une autre enchanteresse
Mon cœur ne subira la loi.
      Las de , etc.

De Paphos si, dans mon jeune âge,
J'ai visité les bords fleuris,
Si dans ce doux pélerinage
Je fus couronné par Cypris :
Ces fleurs, si fraîchement écloses,
De mes ans ont hâté le cours.
Hélas! on vieillit sur des roses ;
A table, on rajeunit toujours.
      Las de , etc.

Répondez , ô beautés naïves,
Vous qui régnâtes sur mon cœur,
Dans vos caresses fugitives
Peut-on rencontrer le bonheur ?
Il n'est ni dans un baiser tendre ,
Ni dans un soupir étouffé ;
Mais dans un aloyau bien tendre
Et dans un pâté bien truffé.
      Las de , etc.

Oui, la table me régénère,
Et, grâce à ses divins appas,
Bonheur pour moi n'est plus chi-
    mère,
Il sourit à tous mes repas.
Tantôt au bout de ma fourchette,
Tantôt dans un flacon d'Arbois,
Dans mon verre ou sur mon assiette
Je le vois, le mange et le bois.
    Las de, etc.

O divinité bienfaisante,
Qui présidez à nos festins,
Que vos faveurs sont séduisantes !
Combien j'en rends grâce aux
    destins !
Pour prix de mon idolâtrie,
Dont le beau sexe enfin pâtit,
Conservez-moi, je vous en prie,
Et mes dents et mon appétit !

Las de courir de belle en belle,
On me verra, sur mes vieux jours,
    Fidèle
  A mes derniers amours.

# LAISSEZ DONC !

## BOUTADE.

AIR : *Trou la la.*

Laissez donc !        ( *bis* )
Vos discours n'sont pas d'saison ;
    Laissez donc !        ( *bis* )
C'est le refrain d'ma chanson.

Le vrai mérite aujourd'hui
Est récompensé... Sans lui
On n'obtient aucun emploi,
Même au service du roi.
    Laissez, etc.

Tous nos auteurs sont savans,
Tous nos prêtres tolérans ;
Le commerce va très-bien,
Et nous ne manquons de rien...
    Laissez.

Que de gens dans l'univers,
Discourant tout de travers,
Auxquels on pourrait vraiment
Répéter à chaque instant :
    Laissez, etc.

# LA
# PÉNITENTE INGÉNUE.
## ROMANCE.

AIR : *Signal d'un galant négligé.*

Vous m'ordonnez de l'oublier ;
Comptez sur mon obéissance ;
Mais ne puis-je vous supplier
D'avoir pour moi quelque indul-
     gence ?
Celui qui me donna sa foi
N'est point méchant, je vous le
    jure.
Fallait-il le nommer parjure ?
Mon père, ayez pitié de moi.

Il me répétait tout en pleurs :
Ne me fuis pas, ma douce Claire.
J'ai cueilli les plus belles fleurs,
Et c'est dans l'espoir de te plaire.
Je serai pour toujours à toi ;
Claire, je t'aime avec ivresse.
Devais-je croire à sa tendresse ?
Mon père ayez pitié de moi.

Il saisit ma main qu'il pressait.
Mes yeux se couvraient d'un nuage,
Et vers lui mon cœur s'élançait,
Et long-temps je fus la plus sage !
Je promets, quand je l'aperçois,
De l'oublier toute ma vie ;
Mais est-il bien vrai qu'il m'oublie ?
Mon père, ayez pitié de moi.

# LES OPPOSÉS.

## CHANSON.

AIR du vaudeville *des Deux Edmond*.

LORSQUE sur le champ du car-
nage
Le canon gronde, et que l'orage
S'étend partout avec fureur,
   Oh ! ça fait peur,
   Oui, ça fait peur ;
Qu'on entende le choc des verres,
Les douces chansons des trouvères
Former un concert enchanteur,
   Oh ! ça ne fait pas peur,
   Non, ça ne fait pas peur.

Au détour d'une route obscure,
Voit-on paraître une figure
De fantôme ou bien de voleur,
    Oh ! ça fait peur,
    Oui, ça fait peur ;
Mais lorsque le sort favorable
Fait trouver bon lit, bonne table,
Hôtesse accorte au voyageur,
    Oh ! ça ne fait pas peur,
    Non, ça ne fait pas peur.

Voyons-nous un atrabilaire
Qu'un rien trouble et met en colère,
Un éternel épilogueur,
    Oh ! ça fait peur,
    Oui, ça fait peur.
Rencontre-t-on un homme aimable,
A l'air riant, ouvert, affable,
Gai convive et charmant causeur,
    Oh ! ça ne fait pas peur,
    Non, ça ne fait pas peur.

Quand la mort, avec son cortége,
Vient près du méchant et l'assiège,
Il se sent glacé de terreur,
    Oh ! ça fait peur,
    Oui, ça fait peur ;
Mais à l'homme bon, charitable,

Dans sa conduite irréprochable
Et toujours fidèle à l'honneur,
Oh ! ça ne fait pas peur,
Non, ça ne fait pas peur.

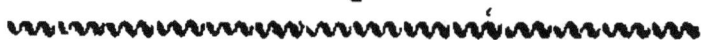

A

# TON TOUR PAILLASSE.
## CHANSONNETTE.

AIR: *Quand la mer Rouge apparut.*

On chante partout, sur tout,
Dans notre patrie.
On chante aussi bien le loup
Que la bergerie.
On chante le fanfaron,
Le marquis et le baron,
Nos braves guerriers,
Leurs nobles lauriers,
Les revers,
Les travers
Du faquin en place.
A ton tour, Paillasse !

Lorsqu'on installe un savant
A l'Académie,
On proclame l'arrivant

En cérémonie ;
Puis lui dit le président :
« Imite le précédent.
    Pour entrer ici,
    Il a raccourci,
        Commenté,
        Tourmenté
    Les œuvres d'Horace.
    A ton tour, Paillasse! »

Le ministre, de nos jours,
    En quittant sa place,
Adresse un petit discours
    Lorsqu'on le remplace,
Et dit à son successeur :
« Pour conserver la faveur,
    D'un air arrogant,
    J'ai fait l'important ;
        Sans avoir
        De savoir,
    J'ai payé d'audace.
    A ton tour Paillasse ! »

Mais ce n'est pas sans danger
    Qu'on prend la marotte ;
On a fait à Béranger
    Siffler la linotte ;
Moi qui rime avec moins d'art,

Je redoute qu'un mouchard,
   Causant mon émoi,
Me dise : « Suis-moi !
      Dans tes vers
      De travers
   Tu fis le cocasse...
   A ton tour, Paillasse ! »

Mes amis, il faut jouir
   Des biens de ce monde ;
Sur l'inconstant avenir
   Bien fou qui se fonde !
Le Temps, comptant nos instans,
Viendra nous dire : « Il est temps
   D'aller voir les bords
   Qu'habitent les morts ;
      Dépêchons,
      Décampons,
   Et pas de grimace !
   A ton tour, Paillasse !

# COUPLETS DE NOCE.

AIR : *Tourterelle*.

Joséphine,
  Que Lutine
En secret petit dieu d'amour,
  A ta mine
  On devine
Ce qu'à Louis promet ce jour.

A l'époux qui t'adore
Devant nous tu donnas ta foi;
Mais il attend encore
Autre chose de toi.
    Joséphine, etc.

Beaux yeux, joli corsage,
Mille talents, mille vertus,
Tel est ton doux partage,
Que te faut-il de plus ?
    Joséphine, etc.

Plus savant que Boerhave
L'himen en or change le fer;
Et grâce à lui l'on brave
Les froides nuits d'hiver !
    Joséphine, etc.

Enfin à ta prière
L'amour, Joséphine, a souri,
Et tu lui dois j'espère
Un mari bien nourri
   Joséphine, etc.

A notre premier père
Dieu dit : Croissez, multipliez ;
Précepte salutaire
Qu'il faut que vous suiviez.
   Joséphine, etc.

En voyant sa tournure,
Nous pouvons avec sureté
A sa progéniture
Porter une santé !
   Joséphine, etc.

De ces amants fidèles
Daigne, Amour, embellir les jours ;
Comme deux tourterelles
Fais qu'ils s'aiment toujours !
   Joséphine
   Que Lutine
En secret, petit dieu d'amour,
   On devine
   A ta mine
Ce qu'à Louis promet ce jour !
    Emile DURIEUX.

# CALENDRIER

## GRÉGORIEN

## POUR L'ANNÉE

## 1833.

A LILLE,

Chez Vanackere fils, Imprimeur-Libraire,
place du Théâtre, N.º 10.

# ARTICLES DU CALENDRIER.

## SIGNES DU ZODIAQUE.

| | | | | |
|---|---|---|---|---|
| ♈ | Le Bélier. | | ♎ | La Balance. |
| ♉ | Le Taureau. | | ♏ | Le Scorpion. |
| ♊ | Les Gémeaux. | *Septentrion.* | ♐ | Le Sagittaire. |
| ♋ | L'Ecrevisse. | | ♑ | Le Capricorne. |
| ♌ | Le Lion. | | ♒ | Le Verseau. |
| ♍ | La Vierge. | | ♓ | Les Poissons. |

*Méridionaux.*

☉ Le Soleil.

## FIGURES ET NOMS DES PLANÈTES.

| | | | | | |
|---|---|---|---|---|---|
| ☿ | Mercure. | ♃ | Jupiter. | ⚴ | Pallas. |
| ♀ | Vénus. | ♄ | Saturne. | ⚵ | Junon. |
| 🜨 | La Terre. | ♅ | Uranus. | ⚶ | Vesta. |
| ♂ | Mars. | ⚳ | Cérès. | | |

☽ La Lune, satellite de la Terre.

## SAISONS.

| | |
|---|---|
| *Printemps*, 20 Mars, à 6 h. 16' du soir. | *Automne* 23 Septembre, à 7 h. 32' du matin. |
| *Été*, 21 Juin, à 5 h. 28 du soir | *Hiver*, 22 Décembre, à o h. 47' du matin. |

## FÊTES MOBILES.

| | |
|---|---|
| Septuagésime, 3 *Fév.* | TRINITÉ, 2 *Juin.* |
| Cendres, 20 *Février.* | FÊTE-DIEU, 6 *Juin.* |
| PAQUES, 7 *Avril.* | Avent, 1 *Décembre.* |
| Rogat. 13, 14 et 15 *Mai.* | De l'Epiphanie à la Sep- |
| ASCENSION, 16 *Mai.* | tuagésime, 4 *Dim.* |
| PENTECOTE, 26 *Mai.* | De la Pent. à l'Av. 26 D |

| *Comput Ecclésiastique.* | *Quatre-Temps* |
|---|---|
| Nombre d'or . . . . 10 | 27 Février, 1 et 2 Mars. |
| Epacte . . . . IX. | 29, 31 Mai et 1 Juin. |
| Cycle solaire . . . 22 | 18, 20 et 21 Septembre. |
| Indiction Romaine 6 | 18, 20 et 21 Décembre. |
| Lettre Dominicale. F | |

JANVIER 1833. *Signe*, le Verseau ♒.

P. L. le 6 , à 9h. 13' du matin. *Périgée le 6.*
D. Q. le 12 , à 9 h. 59' du soir.
N L. le 20 , à 10 h. 2' du soir. *Apogée le 21.*
P. Q. le 29 , à 0 h. 31' du matin.

| JOURS, DATES et Noms des Saints. | | Lev. duS. | Cou. duS. | Lever de la L. | | Couc de la L. | |
|---|---|---|---|---|---|---|---|
| | | H. M. | H. M. | H. | M. | H | M. |
| 1 | m. | *Circoncision.* | 7 52 | 4 8 | 0 | 59 | 1 45 |
| 2 | m. | s. Macaire, ab. | 7 52 | 4 8 | 1 | 27 | 2 58 |
| 3 | j. | ste. Géneviève. | 7 51 | 4 9 | 2 | 0 | 4 12 |
| 4 | v. | s. Rigobert, év. | 7 51 | 4 10 | 2 | 42 | 5 27 |
| 5 | s. | s. Siméon, styl. | 7 50 | 4 10 | 3 | 34 | 6 40 |
| 6 | D. | *Épiphanie.* | 7 49 | 4 11 | 4 | 36 | 7 45 |
| 7 | l. | s Lucien, év. | 7 48 | 4 12 | 5 | 51 | 8 40 |
| 8 | m. | ste. Gudule. | 7 48 | 4 13 | 7 | 10 | 9 25 |
| 9 | m. | s. Julien , m. | 7 47 | 4 13 | 8 | 30 | 10 1 |
| 10 | j. | s. Guillaume. | 7 46 | 4 14 | 9 | 48 | 10 31 |
| 11 | v. | s. Hygin, pap. | 7 45 | 4 15 | 11 | 3 | 10 57 |
| 12 | s. | s. Arcade, mar. | 7 44 | 4 16 | Matin. | | 11 21 |
| 13 | D. | Bapt. de N. S. | 7 43 | 4 17 | 0 | 16 | 11 45 |
| 14 | l. | s. Hilaire, év. | 7 42 | 4 18 | 1 | 26 | 0 8 |
| 15 | m. | S. N. de Jésus. | 7 41 | 4 19 | 2 | 33 | 0 34 |
| 16 | m. | s. Fursi, abbé. | 7 40 | 4 20 | 3 | 40 | 1 6 |
| 17 | j. | s. Antoine, ab. | 7 39 | 4 21 | 4 | 45 | 1 41 |
| 18 | v. | C. s. Pierre à R. | 7 38 | 4 23 | 5 | 43 | 2 21 |
| 19 | s. | s. Canut, Roi. | 7 37 | 4 24 | 6 | 35 | 3 9 |
| 20 | D. | ss. Fab. et Séb. | 7 35 | 4 25 | 7 | 22 | 4 2 |
| 21 | l. | ste. Agnès, v. | 7 34 | 4 26 | 8 | 0 | 5 0 |
| 22 | m. | s. Vincent, m. | 7 33 | 4 27 | 8 | 33 | 6 3 |
| 23 | m | s. Raymond, c. | 7 32 | 4 29 | 9 | 1 | 7 3 |
| 24 | j. | s. Timothée. | 7 30 | 4 30 | 9 | 26 | 8 7 |
| 25 | v | Conv. de s. P. | 7 29 | 4 32 | 9 | 48 | 9 11 |
| 26 | s. | s. Polycarpe. | 7 28 | 4 33 | 10 | 8 | 10 15 |
| 27 | D. | s. Jean-Chrys. | 7 26 | 4 34 | 10 | 29 | 11 20 |
| 28 | l. | s. Charlemagne | 7 25 | 4 36 | 10 | 51 | Matin. |
| 29 | m. | s. François de S. | 7 23 | 4 37 | 11 | 17 | 0 30 |
| 30 | m. | ste. Aldegonde. | 7 22 | 4 39 | 11 | 48 | 1 40 |
| 31 | j. | s. Pierre Nolas. | 7 21 | 4 40 | 0 S. | 23 | 2 50 |

## FEVRIER. *Signe*, les Poissons. )(

P. L. le 4, a 6 h. 41' du soir. *Périgée le 4.*
D. Q. le 11, a 1 h. 24' du soir. *Apogée le 17.*
N. L. le 19, a 5 h. 27' du soir.
P. Q. le 27, à 1 h. 23' du soir.

| JOURS, DATES et Noms des Saints. | | | Lev. du S | Cou. du S | Lever de la L | Couch. de la L. |
|---|---|---|---|---|---|---|
| | | | H. M. | H. M. | H. M. | H. M. |
| 1 | v. | s. Ignace, év. | 7 19 | 4 42 | 1 So. 5 | 4 Matin. 5 |
| 2 | s. | *Purification.* | 7 18 | 4 43 | 2 Soir. 5 | 5 14 |
| 3 | D. | *Septuagésime.* | 7 16 | 4 45 | 3 13 | 6 15 |
| 4 | l. | s André de C. | 7 14 | 4 46 | 4 31 | 7 6 |
| 5 | m. | ste. Agathe, v. | 7 13 | 4 48 | 5 53 | 7 17 |
| 6 | m. | ste. Dorothée. | 7 11 | 4 49 | 7 15 | 8 21 |
| 7 | j. | s. Romuald, a. | 7 10 | 4 51 | 8 36 | 8 50 |
| 8 | v. | s. Jean de Mat. | 7 8 | 4 53 | 9 52 | 9 17 |
| 9 | s | ste. Apolline, v. | 7 6 | 4 54 | 11 7 | 9 42 |
| 10 | D. | *Sexagésime.* | 7 5 | 4 56 | Matin | 10 7 |
| 11 | l. | s. Séverin. | 7 3 | 4 58 | 0 19 | 10 34 |
| 12 | m. | ste. Eulalie, v. | 7 2 | 4 59 | 1 28 | 11 3 |
| 13 | m. | s. Martinien. | 7 0 | 5 1 | 2 33 | 11 37 |
| 14 | j. | s. Valentin, p. | 6 58 | 5 3 | 3 33 | 0 Soir. 16 |
| 15 | v. | s. Faustin, m. | 6 56 | 5 4 | 4 28 | 1 Soir. 1 |
| 16 | s. | ste. Julienne. | 6 55 | 5 6 | 5 16 | 1 53 |
| 17 | D. | *Quinquagés.* | 6 53 | 5 8 | 5 58 | 2 50 |
| 18 | l. | s. Siméon. | 6 51 | 5 9 | 6 33 | 3 51 |
| 19 | m. | s. Gabin. | 6 50 | 5 11 | 7 2 | 4 53 |
| 20 | m. | *Les Cendres.* | 6 48 | 5 13 | 7 28 | 5 57 |
| 21 | j. | s. Flavien. | 6 46 | 5 15 | 7 52 | 7 2 |
| 22 | v. | Ch. de s. P. à A. | 6 44 | 5 16 | 8 13 | 8 7 |
| 23 | s. | s. Florent, conf | 6 43 | 5 18 | 8 35 | 9 13 |
| 24 | D. | *Quadragésim.* | 6 41 | 5 20 | 8 57 | 10 20 |
| 25 | l. | s. Mathias, ap. | 6 39 | 5 22 | 9 20 | 11 29 |
| 26 | m. | s. Alexandre. | 6 37 | 5 24 | 9 47 | Matin. |
| 27 | m. | ste. Honor. 4T | 6 36 | 5 25 | 10 20 | 0 40 |
| 28 | j. | s. Romain, ab. | 6 34 | 5 27 | 10 59 | 1 50 |

## MARS. *Signe*, le Bélier ♈.

�*P. L. le 6, à 4 h. 56' du matin. *Périgée le 4.*
☽ D. Q. le 13, à 5 h. 56' du matin. *Apogée le 17.*
● N. L. le 21, à 11 h. 9' du matin.
☽ P. Q. le 28, a 10 h. 54' du soir.

| | | JOURS, DATES et Noms des Saints. | Lev. duS. | Cou duS | Lever. delaL. | Couch delaL. |
|---|---|---|---|---|---|---|
| | | | H. M. | H. M. | H. M. | H. M. |
| 1 | v. | s. Aubin. 4 *T.* | 6 32 | 5 29 | 11 M 50 | 2 Matin 58 |
| 2 | s. | s. Simplice 4 *T.* | 6 30 | 5 31 | 0 Soir 51 | 4 55 |
| 3 | D. | *Reminiscere.* | 6 29 | 5 32 | 2 3 | 5 40 |
| 4 | l. | s. Casimir, c. | 6 27 | 5 34 | 3 22 | 6 18 |
| 5 | m. | s. Théophile. | 6 25 | 5 36 | 4 45 | 6 50 |
| 6 | m. | ste. Colette. | 6 23 | 5 38 | 6 8 | 7 18 |
| 7 | j. | s. Thomas d'A. | 6 21 | 5 40 | 7 28 | 7 44 |
| 8 | v. | s. Jean de Dieu | 6 20 | 5 41 | 8 47 | 8 8 |
| 9 | s. | ste. Françoise. | 6 18 | 5 43 | 10 3 | 8 57 |
| 10 | D. | *Oculi.* | 6 16 | 5 45 | 11 16 | 9 6 |
| 11 | l. | s. Firmin. | 6 14 | 5 47 | Matin. | 9 39 |
| 12 | m. | s. Grégoire, p. | 6 12 | 5 49 | 0 25 | 10 17 |
| 13 | m. | ste Euphrasie. | 6 10 | 5 50 | 1 29 | 11 1 |
| 14 | j. | ste. Mathilde. | 6 9 | 5 52 | 2 28 | 11 52 |
| 15 | v. | s. Longin, m. | 6 7 | 5 54 | 3 19 | 0 Soir 48 |
| 16 | s. | s. Abraham. | 6 5 | 5 56 | 4 3 | 1 47 |
| 17 | D. | *Lætare.* | 6 3 | 5 58 | 4 40 | 2 49 |
| 18 | l. | s. Gabriel, ar. | 6 1 | 5 59 | 5 11 | 3 54 |
| 19 | m. | s Joseph, conf. | 6 0 | 6 1 | 5 38 | 5 0 |
| 20 | m. | s Joachim, c. | 5 58 | 6 3 | 6 3 | 6 6 |
| 21 | j. | s. Benoît, ab. | 5 56 | 6 5 | 6 26 | 7 12 |
| 22 | v. | s. Basile. | 5 54 | 6 7 | 6 47 | 8 19 |
| 23 | s. | s. Victorien, c. | 5 52 | 6 9 | 7 8 | 9 28 |
| 24 | D. | *La Passion.* | 5 51 | 6 10 | 7 31 | 10 38 |
| 25 | l. | *Annonciation.* | 5 49 | 6 12 | 7 57 | 11 49 |
| 26 | m. | s. Ludger, év. | 5 47 | 6 14 | 8 28 | Matin. |
| 27 | m | s. Rupert, év. | 5 45 | 6 16 | 9 5 | 0 58 |
| 28 | j. | s. Gontran, roi. | 5 43 | 6 18 | 9 51 | 2 1 |
| 29 | v. | s. Bertholde. c. | 5 42 | 6 19 | 10 46 | 2 56 |
| 30 | s. | s. Amédée, d. | 5 40 | 6 21 | 11 52 | 3 42 |
| 31 | D. | *Les Rameaux* | 5 38 | 6 23 | 1 S. 6 | 4 21 |

# AVRIL. *Signe*, le Taureau. ♉

P. L. le 4, à 2 h. 49' du soir. *Périgée le 1.er*
D. Q. le 12, à 0 h. 17' du matin. *Apogée le 13.*
N. L. le 20, à 1 h. 57' du matin.
P. Q. le 27, à 5 h. 43' du matin. *Périgée le 29.*

| JOURS, DATES et Noms des Saints. | | | Lev. duS. | Cou duS. | Lever de la L. | Couch. de la L. |
|---|---|---|---|---|---|---|
| | | | H.M. | H.M. | H. M. | H. M. |
| 1 | l. | s. Hugues. | 5 36 | 6 25 | 2 25 Soir. | 4 21 Matin. |
| 2 | m. | s. Franç. de P. | 5 34 | 6 26 | 3 46 | 4 55 |
| 3 | m. | s. Ricbard, év. | 5 33 | 6 28 | 5 7 | 5 24 |
| 4 | j. | *La Cène.* | 5 31 | 6 30 | 6 27 | 5 51 |
| 5 | v. | *Mort de N. S.* | 5 29 | 6 32 | 7 45 | 6 16 |
| 6 | s. | s. Célestin, p. | 5 27 | 6 34 | 8 59 | 6 42 |
| 7 | D. | *PAQUES.* | 5 26 | 6 35 | 10 12 | 7 11 |
| 8 | l. | *Pâques.* | 5 24 | 6 37 | 11 23 | 7 41 |
| 9 | m. | ste Marie. | 5 22 | 6 39 | Matin. | 8 18 |
| 10 | m. | s. Macaire, év. | 5 20 | 6 41 | 0 26 | 9 4 |
| 11 | j. | s. Léon, p. d. | 5 19 | 6 42 | 1 22 | 9 50 |
| 12 | v. | s. Jules, pape. | 5 17 | 6 44 | 2 9 | 10 45 |
| 13 | s. | *N. D. des 7 doul* | 5 15 | 6 46 | 2 49 | 11 44 |
| 14 | D. | *Quasimodo.* | 5 13 | 6 48 | 3 22 | 0 46 Soir. |
| 15 | l. | ste. Anastasie. | 5 12 | 6 49 | 3 50 | 1 59 |
| 16 | m. | s. Dipon, conf. | 5 10 | 6 51 | 4 15 | 2 44 |
| 17 | m. | s. Anicet, p. | 5 8 | 6 53 | 4 37 | 3 59 |
| 18 | j. | s. Parfait, m. | 5 6 | 6 54 | 4 59 | 5 7 |
| 19 | v. | s. Léon IX. | 5 5 | 6 56 | 5 20 | 6 15 |
| 20 | s. | s. Théodore. | 5 3 | 6 58 | 5 42 | 7 24 |
| 21 | D. | s. Anselme, év. | 5 1 | 7 0 | 6 7 | 8 36 |
| 22 | l. | s. Soter. | 5 0 | 7 1 | 6 37 | 9 47 |
| 23 | m. | s. George. | 4 58 | 7 3 | 7 12 | 10 57 |
| 24 | m. | s. Fidèle, m. | 4 56 | 7 5 | 7 53 | Matin. |
| 25 | j. | *s. Marc. Abst.* | 4 55 | 7 6 | 8 44 | 0 3 |
| 26 | v. | s. Clète. | 4 53 | 7 8 | 9 48 | 0 59 |
| 27 | s. | s. Anthime, év. | 4 51 | 7 9 | 10 57 | 1 47 |
| 28 | D. | s. Vital, mart. | 4 50 | 7 11 | 0 12 Soir. | 2 27 |
| 29 | l. | s. Pierre, m. | 4 48 | 7 13 | 1 31 | 3 0 |
| 30 | m. | ste. Cath. de S. | 4 47 | 7 14 | 2 51 | 3 31 |

## MAI. *Signe*, les Gémeaux. ♊

☽ P. L. le 4, à 0 h. 56′ du matin.
☾ D. Q. le 11, à 6 h. 56′ du soir. *Apogée le* 11.
● N. L. le 19, à 1 h. 49′ du soir. *Périgée le* 24.
☽ P. Q. le 26, à 10 h. 50′ du matin.

| JOURS, DATES et Noms des Saints. | | | Lev. du S | Cou du S | Lever de la L. | Couch de la L. |
|---|---|---|---|---|---|---|
| | | | H. M. | H. M. | H. M. | H. M. |
| 1 | m. | ss. Jacq. et PH. | 4 45 | 7 16 | 4 10 Soir. | 3 58 Matin |
| 2 | j. | s. Athanase, p. | 4 43 | 7 17 | 5 27 | 4 23 |
| 3 | v. | Invent. ste. Cr. | 4 42 | 7 19 | 6 44 | 4 47 |
| 4 | s. | ste. Monique. | 4 40 | 7 20 | 7 59 | 5 14 |
| 5 | D. | s. Maurant, ab. | 4 39 | 7 22 | 9 11 | 5 43 |
| 6 | l. | s. Jean P. Lat. | 4 37 | 7 23 | 10 17 | 6 18 |
| 7 | m. | ste. Flavie. | 4 36 | 7 25 | 11 17 | 6 57 |
| 8 | m. | App. s. Michel | 4 34 | 7 26 | Matin. | 7 44 |
| 9 | j. | Tr. s. Nicolas | 4 33 | 7 28 | 0 9 | 8 36 |
| 10 | v. | s. Antonin, ar. | 4 31 | 7 29 | 0 51 | 9 34 |
| 11 | s. | s. Gengoul, m. | 4 30 | 7 31 | 1 27 | 10 35 |
| 12 | D. | s. Nérée, m. | 4 28 | 7 32 | 1 57 | 11 28 |
| 13 | l. | Rogations. | 4 27 | 7 34 | 2 23 | 0 43 Soir. |
| 14 | m. | s. Boniface Rog. | 4 26 | 7 35 | 2 6 | 1 48 |
| 15 | m. | s. Isidore. Rog. | 4 24 | 7 36 | 3 6 | 2 53 |
| 16 | j. | ASCENSION. | 4 23 | 7 38 | 3 27 | 4 1 |
| 17 | v. | ste. Restitue. | 4 22 | 7 39 | 3 49 | 5 11 |
| 18 | s. | s. Venant. | 4 20 | 7 40 | 4 12 | 6 21 |
| 19 | D. | s. Yves. | 4 19 | 7 41 | 4 38 | 7 32 |
| 20 | l. | s. Bernard. | 4 18 | 7 43 | 5 10 | 8 46 |
| 21 | m. | s. Hospice, réc. | 4 17 | 7 44 | 5 50 | 9 56 |
| 22 | m. | ste Julie, v. | 4 16 | 7 45 | 6 40 | 10 58 |
| 23 | j. | s. Didier, arch. | 4 14 | 7 46 | 7 40 | 11 52 |
| 24 | v. | ste. Jeanne. | 4 13 | 7 47 | 8 50 | Matin. |
| 25 | s. | s. Urbain V. J. | 4 12 | 7 48 | 10 5 | 0 36 |
| 26 | D. | PENTECOTE. | 4 11 | 7 49 | 11 22 | 1 9 |
| 27 | l. | s. Jules. | 4 10 | 7 50 | 0 39 Soir. | 1 39 |
| 28 | m. | s. Germain. | 4 9 | 7 51 | 1 56 | 2 4 |
| 29 | m. | s. Maxime. 4 T. | 4 8 | 7 52 | 3 11 | 2 27 |
| 30 | j. | s. Ferdinand. | 4 7 | 7 53 | 4 25 | 2 51 |
| 31 | v. | ste. Pétron. 4 T. | 4 6 | 7 54 | 5 39 | 3 15 |

## JUIN. *Signe*, l'Écrevisse. ♋

P. L. le 2, à o h. 1′ du soir. *Apogée le 8.*
D. Q. le 10, à o h. 23′ du soir.
N. L. le 17, à 11 h. 19′ du soir. *Périgée le 20.*
P. Q. le 24, à 3 h. 37′ du soir.

| JOURS, DATES et Noms des Saints. | | | Lev. du S | Cou du S | Lever dela L. | Cauch dela L. |
|---|---|---|---|---|---|---|
| | | | H. M. | H. M. | H. M. | H. M. |
| 1 | s. | s. Fortuné. 4 T. | 4 6 | 7 55 | 6 52 Soir. | 3 42 Matin. |
| 2 | D. | *Trinité.* | 4 5 | 7 56 | 8 1 | 4 13 |
| 3 | l. | ste. Clotilde. | 4 4 | 7 56 | 9 4 | 4 50 |
| 4 | m. | s. Quirin, év. | 4 3 | 7 57 | 9 59 | 5 33 |
| 5 | m. | s. Boniface. | 4 3 | 7 58 | 10 45 | 6 23 |
| 6 | j. | *Fête-Dieu.* | 4 2 | 7 58 | 11 24 | 7 19 |
| 7 | v. | s. Robert, ab | 4 1 | 7 59 | 11 56 | 8 19 |
| 8 | s. | s. Médard. | 4 1 | 8 0 | Matin. | 9 22 |
| 9 | D. | ste. Pélagie. | 4 0 | 8 0 | 0 23 | 10 26 |
| 10 | l. | s. Landri, év. | 4 0 | 8 0 | 0 47 | 11 30 |
| 11 | m. | s Barnabé, ap. | 3 59 | 8 1 | 1 8 | 0 34 Soir |
| 12 | m. | s Onuphre. | 3 59 | 8 1 | 1 28 | 1 40 |
| 13 | j. | s. Antoine de P. | 3 58 | 8 2 | 1 47 | 2 47 |
| 14 | v. | s. Basile, év. | 3 58 | 8 2 | 2 9 | 3 57 |
| 15 | s. | s. Vite. | 3 58 | 8 2 | 2 34 | 5 9 |
| 16 | D. | s. François R. | 3 57 | 8 3 | 3 4 | 6 23 |
| 17 | l. | s. Avy, abbé. | 3 57 | 8 3 | 3 40 | 7 35 |
| 18 | m. | ste. Marine, v | 3 57 | 8 3 | 4 25 | 8 42 |
| 19 | m. | s. Gervais et P. | 3 57 | 8 3 | 5 22 | 9 40 |
| 20 | j. | s. Silvère, pap | 3 57 | 8 3 | 6 30 | 10 29 |
| 21 | v. | s. Louis de G. | 3 57 | 8 3 | 7 46 | 11 6 |
| 22 | s. | s. Paulin, év. | 3 57 | 8 3 | 9 4 | 11 37 |
| 23 | D. | s. Liébert, év | 3 57 | 8 3 | 10 23 | Matin. |
| 24 | l. | *Nat. des. J. B* | 3 57 | 8 3 | 11 40 | 9 4 |
| 25 | m. | Tr. de s. Eloi. | 3 57 | 8 3 | 0 55 Soir | 0 29 |
| 26 | m. | ss. Jean et Paul | 3 57 | 8 3 | 2 10 | 0 54 |
| 27 | j. | s. Ladislas, R. | 3 57 | 8 3 | 3 23 | 1 15 |
| 28 | v. | s. Irénée, év. | 3 58 | 8 3 | 4 34 | 1 40 |
| 29 | s. | *ss. Pierre et P.* | 3 58 | 8 2 | 5 43 | 2 9 |
| 30 | D. | Comm. des s. P. | 3 58 | 8 2 | 6 48 | 2 42 |

## JUILLET. *Signe* , le Lion. ♌

P. L. le 2, à o h. 42′ du matin. *Apogée le 5.*
D. Q. le 10, à 4 h. 17′ du matin.
N. L. le 17, à 7 h. 19′ du matin. *Périgée le 18.*
P.Q. le 23, à 9 h. 43′ du s. P.L. le 31, à 3 h. 12′ s.

| JOURS, DATES et Noms des Saints. | | | Lev. du S H.M. | Cou. du S H.M. | Lever de la L. H. M. | Couch. de la L. H. M. |
|---|---|---|---|---|---|---|
| 1 | l. | s. Rombaut, év. | 3 59 | 8 1 | 7 45 Soir. | 3 20 Matin. |
| 2 | m. | Visitat. de la V. | 3 59 | 8 0 | 8 35 | 4 9 |
| 3 | m. | s. Hyacinthe. | 4 0 | 8 0 | 9 16 | 5 3 |
| 4 | j. | Tr. s. Martin. | 4 0 | 8 0 | 9 51 | 6 2 |
| 5 | v. | ste. Zoé, mart. | 4 1 | 7 59 | 10 19 | 7 5 |
| 6 | s | ste. Godelive. | 4 2 | 7 58 | 10 43 | 8 8 |
| 7 | D. | s. Willebaud. | 4 2 | 7 58 | 11 7 | 9 11 |
| 8 | l. | ste. Elisabeth. | 4 3 | 7 57 | 11 28 | 10 14 |
| 9 | m. | Les Mart. de G. | 4 3 | 7 56 | 11 47 | 11 19 |
| 10 | m. | ste. Félicité, m. | 4 4 | 7 56 | Matin. | 0 25 Soir. |
| 11 | j. | Tr. de s. Benoît | 4 5 | 7 55 | 0 7 | 1 33 |
| 12 | v. | s. Gualbert, ab | 4 6 | 7 54 | 0 29 | 2 42 |
| 13 | s. | s. Anaclet, p. | 4 7 | 7 53 | 0 55 | 3 55 |
| 14 | D. | s. Bonaventure | 4 8 | 7 52 | 1 28 | 5 8 |
| 15 | l. | s. Henri, Emp. | 4 9 | 7 51 | 2 9 | 6 18 |
| 16 | m. | N.-D. du M.C. | 4 10 | 7 50 | 3 1 | 7 22 |
| 17 | m. | s. Alexis, conf. | 4 11 | 7 49 | 4 5 | 8 16 |
| 18 | j. | s. Arnould, év. | 4 11 | 7 48 | 5 18 | 8 59 |
| 19 | v. | s. Vincent de P. | 4 12 | 7 47 | 6 38 | 9 33 |
| 20 | s. | ste. Marguerite | 4 14 | 7 46 | 8 0 | 10 3 |
| 21 | D | s. Victor, m. | 4 15 | 7 45 | 9 21 | 10 29 |
| 22 | l. | ste Marie-Mag | 4 16 | 7 44 | 10 39 | 10 52 |
| 23 | m. | s. Apollinaire. | 4 17 | 7 42 | 11 56 | 11 15 |
| 24 | m. | ste. Christine. | 4 18 | 7 41 | 1 10 Soir. | 11 41 |
| 25 | j. | s. Jacq. et s. Ch. | 4 19 | 7 40 | 2 22 | Matin. |
| 26 | v. | ste. Anne. | 4 20 | 7 39 | 3 31 | 0 10 |
| 27 | s. | s. Désiré, év. | 4 22 | 7 37 | 4 36 | 0 41 |
| 28 | D. | s. Nazaire. | 4 23 | 7 36 | 5 36 | 1 17 |
| 29 | l. | ste. Marthe, v. | 4 25 | 7 35 | 6 28 | 2 2 |
| 30 | m. | s. Abdon, m. | 4 26 | 7 34 | 7 12 | 2 54 |
| 31 | m. | s. Ignace de L. | 4 27 | 7 32 | 7 49 | 3 51 |

## AOUT. *Signe*, la Vierge. ♍

D. Q. le 8, à 6 h. 6' du soir. *Apogée le 2.*
N. L. le 15, à 2 h. 44' du soir. *Périgée le 15.*
P. Q. le 22, a 6 h. 38' du matin. *Apogée le 29.*
P. L. le 30, a 7 h. 4' du matin.

| JOURS, DATES et Noms des Saints. | | | Lev. du S | Cou. du S | Lever dela L. | | Couch. dela L. | |
|---|---|---|---|---|---|---|---|---|
| | | | H. M. | H. M. | H. | M. | H. | M. |
| 1 | j. | s. Pierre ès -L. | 4 29 | 7 31 | 8 | 21 | 4 | 52 |
| 2 | v. | N.-D. des Ang. | 4 30 | 7 29 | 8 | 46 | 5 | 56 |
| 3 | s. | Inv s Etienne. | 4 31 | 7 28 | 9 | 10 | 6 | 59 |
| 4 | D. | s.-Dominique. | 4 33 | 7 26 | 9 | 31 | 8 | 4 |
| 5 | l. | N.-D. aux Neig. | 4 34 | 7 25 | 9 | 50 | 9 | 8 |
| 6 | m. | Tr. de N. S. | 4 36 | 7 24 | 10 | 10 | 10 | 11 |
| 7 | m. | s. Gaëtan de T. | 4 37 | 7 22 | 10 | 32 | 11 | 16 |
| 8 | j. | s. Cyriaque. | 4 39 | 7 21 | 10 | 56 | 0 | 24 |
| 9 | v. | s. Romain, m. | 4 40 | 7 19 | 11 | 24 | 1 | 35 |
| 10 | s. | s. Laurent, ar. | 4 42 | 7 18 | Matin. | | 2 | 46 |
| 11 | D. | ste. Susanne, v. | 4 43 | 7 16 | 0 | 0 | 3 | 57 |
| 12 | l. | ste. Claire, v. | 4 45 | 7 14 | 0 | 46 | 5 | 4 |
| 13 | m. | s. Hypolite. | 4 46 | 7 13 | 1 | 44 | 6 | 3 |
| 14 | m. | s. Eusèbe. *V. J.* | 4 48 | 7 11 | 2 | 54 | 6 | 57 |
| 15 | j. | ASSOMPTION | 4 50 | 7 10 | 4 | 12 | 7 | 31 |
| 16 | v. | s. Roch, conf. | 4 51 | 7 8 | 5 | 35 | 8 | 3 |
| 17 | s. | s. Mammez, m. | 4 53 | 7 6 | 6 | 58 | 8 | 31 |
| 18 | D. | ste. Hélène. | 4 55 | 7 5 | 8 | 21 | 8 | 57 |
| 19 | l. | ste. Thècle. | 4 56 | 7 3 | 9 | 41 | 9 | 21 |
| 20 | m. | s. Bernard, ab. | 4 58 | 7 2 | 10 | 58 | 9 | 47 |
| 21 | m. | ste. Franç. de C. | 4 59 | 7 0 | 0 | 14 | 10 | 15 |
| 22 | j. | s. Simphorien. | 5 1 | 6 58 | 1 | 26 | 10 | 46 |
| 23 | v. | s. Philippe B. | 5 3 | 6 57 | 2 | 33 | 11 | 21 |
| 24 | s. | s. Barthélémi. | 5 4 | 6 55 | 3 | 36 | Matin. | |
| 25 | D. | s. Louis, Roi. | 5 6 | 6 53 | 4 | 32 | 0 | 3 |
| 26 | l. | s. Zéphirin, p. | 5 8 | 6 52 | 5 | 18 | 0 | 53 |
| 27 | m. | s. Césaire d'Ar. | 5 10 | 6 50 | 5 | 50 | 1 | 49 |
| 28 | m. | s. Augustin, év. | 5 11 | 6 48 | 6 | 29 | 2 | 49 |
| 29 | j. | Déc. des. J.-B. | 5 13 | 6 46 | 6 | 56 | 3 | 51 |
| 30 | v. | ste. Rose de L. | 5 15 | 6 45 | 7 | 20 | 4 | 55 |
| 31 | s. | s. Raymond N. | 5 16 | 6 43 | 7 | 42 | 6 | 0 |

## SEPTEMBRE. *Signe*, la Balance. ♎

D. Q. le 7, a 6 h. 4' du matin. *Périgée le 12.*
N. L. le 13, à 10 h. 26' du soir.
P. Q. le 20, à 7 h. 24' du soir. *Apogée le 25.*
P. L. le 28, a 11 h. 35' m. du soir.

| JOURS, DATES et Noms des Saints. | | | Lev. du S H. M. | Cou. du S H. M. | Lever de la L H. M. | Couch. de la L H. M. |
|---|---|---|---|---|---|---|
| 1 | D. | s. Gilles, abbé. | 5 18 | 6 41 | 8 2 Soir. | 7 5 Matin |
| 2 | l. | s. Etienne, Roi. | 5 20 | 6 39 | 8 22 | 8 9 |
| 3 | m. | ste. Séraphie.. | 5 22 | 6 38 | 8 42 | 9 15 |
| 4 | m. | ste. Rosalie, v. | 5 23 | 6 36 | 9 4 | 10 22 |
| 5 | j. | s. Bertin, abb. | 5 25 | 6 34 | 9 31 | 11 30 |
| 6 | v. | s. Zacharie, p. | 5 27 | 6 33 | 10 4 | 0 39 Soir. |
| 7 | s. | ste. Reine, v. | 5 29 | 6 31 | 10 44 | 1 49 |
| 8 | D. | *Nativ. de N. D.* | 5 30 | 6 29 | 11 34 | 2 56 |
| 9 | l. | s. Omer, év. | 5 32 | 6 27 | Matin. | 3 56 |
| 10 | m. | s. Nicol. de Tol. | 5 34 | 6 25 | 0 36 | 4 48 |
| 11 | m. | ss. Prote et H. | 5 36 | 6 24 | 1 49 | 5 31 |
| 12 | j. | s. Guidon, c. | 5 37 | 6 22 | 3 10 | 6 7 |
| 13 | v. | s. Aimé, arch. | 5 39 | 6 20 | 4 34 | 6 37 |
| 14 | s. | Exalt. de ste. C. | 5 41 | 6 18 | 5 59 | 7 4 |
| 15 | D. | s. Emile. | 5 42 | 6 17 | 7 21 | 7 30 |
| 16 | l. | ste. Euphémie | 5 44 | 6 15 | 8 43 | 7 56 |
| 17 | m. | s. Lambert, év. | 5 46 | 6 13 | 10 2 | 8 22 |
| 18 | m. | ste. Sophie 4 T. | 5 48 | 6 11 | 11 19 | 8 52 |
| 19 | j. | s Janvier. | 5 50 | 6 10 | 0 31 Soir. | 9 27 |
| 20 | v. | s. Eustache 4 T. | 5 52 | 6 8 | 1 37 | 10 9 |
| 21 | s. | s Matthieu 4 T. | 5 53 | 6 6 | 2 36 | 10 57 |
| 22 | D. | s. Maurice. | 5 55 | 6 4 | 3 26 | 11 51 |
| 23 | l. | s. Lin, p. mart. | 5 57 | 6 2 | 4 7 | Matin. |
| 24 | m. | N. D. de la Merci | 5 59 | 6 0 | 4 41 | 0 50 |
| 25 | m. | s Firmin, év. | 6 0 | 5 59 | 5 10 | 1 52 |
| 26 | j. | ste. Justine, v. | 6 2 | 5 57 | 5 33 | 2 56 |
| 27 | v. | ss. Côme et D. | 6 4 | 5 55 | 5 55 | 4 1 |
| 28 | s. | s Wenceslas. | 6 6 | 5 53 | 6 15 | 5 6 |
| 29 | D. | Déd. s. Michel. | 6 8 | 5 52 | 6 36 | 6 11 |
| 30 | l. | s. Jérôme, pr. | 6 10 | 5 50 | 6 57 | 7 17 |

## OCTOBRE. *Signe*, le Scorpion. ♏

D. Q. le 6, a 4 h. 19' du soir. *Périgée le* 11.
N. L. le 13, à 7 h. 16' du matin.
P. Q. le 20, à 0 h. 14' s. *Apogée le* 23.
P. L. le 28, à 3 h. 5m' du soir.

| JOURS, DATES et Noms des Saints. | | | Lev. du S | Cou. du S | Lever de la L. | | Couch. de la L. | |
|---|---|---|---|---|---|---|---|---|
| | | | H. M. | H. M. | H. | M. | H. | M. |
| 1 | m. | ss. Remi et P. | 6 11 | 5 48 | 7 | 18 | 8 | 22 |
| 2 | m | Lesss. Anges g. | 6 13 | 5 46 | 7 | 42 | 9 | 30 |
| 3 | j. | s. Denis, mart. | 6 15 | 5 44 | 8 | 12 | 10 | 40 |
| 4 | v. | s. François d'A. | 6 17 | 5 43 | 8 | 49 | 11 | 49 |
| 5 | s. | s. Placide, conf. | 6 18 | 5 41 | 9 | 36 | 0 | 55 |
| 6 | D. | s. Bruno, conf. | 6 20 | 5 39 | 10 | 32 | 1 | 57 |
| 7 | l. | s. Marc, pape. | 6 22 | 5 37 | 11 | 39 | 2 | 52 |
| 8 | m. | ste. Brigitte, v. | 6 24 | 5 36 | Matin: | | 3 | 36 |
| 9 | m. | s. Ghislain, év. | 6 26 | 5 34 | 0 | 54 | 4 | 12 |
| 10 | j. | s. François de B. | 6 27 | 5 32 | 2 | 13 | 4 | 43 |
| 11 | v. | s. Gomer, conf. | 6 29 | 5 20 | 3 | 35 | 5 | 11 |
| 12 | s. | s. Maximilien. | 6 31 | 5 28 | 4 | 58 | 5 | 36 |
| 13 | D. | s. Edouard, R. | 6 33 | 5 27 | 6 | 20 | 6 | 1 |
| 14 | l. | s. Calixte, p. m. | 6 34 | 5 25 | 7 | 41 | 6 | 27 |
| 15 | m. | ste. Thérèse, v. | 6 36 | 5 23 | 9 | 2 | 6 | 57 |
| 16 | m. | s. Martinien. | 6 38 | 5 21 | 10 | 19 | 7 | 29 |
| 17 | j. | s. Florentin, év. | 6 40 | 5 20 | 11 | 31 | 8 | 9 |
| 18 | v. | s. Luc, évang. | 6 41 | 5 18 | 0 | 35 | 8 | 55 |
| 19 | s. | s. Pierre d'Alc. | 6 43 | 5 16 | 1 | 29 | 9 | 47 |
| 20 | D. | s. Caprais, m. | 6 45 | 5 14 | 2 | 25 | 10 | 46 |
| 21 | l. | ste. Ursule. | 6 47 | 5 13 | 2 | 52 | 11 | 48 |
| 22 | m. | s. Mellon, év. | 6 48 | 5 11 | 3 | 21 | Matin. | |
| 23 | m. | s. Séverin, év. | 6 50 | 5 10 | 3 | 46 | 0 | 51 |
| 24 | j. | s. Magloire, év. | 6 52 | 5 8 | 4 | 8 | 1 | 56 |
| 25 | v. | ss. Crépin. et C. | 6 53 | 5 6 | 4 | 29 | 3 | 2 |
| 26 | s. | s. Evariste, pr. | 6 55 | 5 4 | 4 | 47 | 4 | 6 |
| 27 | D. | s. Frumence. | 6 57 | 5 2 | 5 | 7 | 5 | 11 |
| 28 | l. | ss. Simon et J. | 6 58 | 5 1 | 5 | 27 | 6 | 18 |
| 29 | m. | s. Narcisse, p. | 7 0 | 4 59 | 5 | 51 | 7 | 27 |
| 30 | m. | s. Lucain. | 7 2 | 4 58 | 6 | 20 | 8 | 37 |
| 31 | j. | s. Quentin V. J. | 7 4 | 4 56 | 6 | 55 | 9 | 46 |

## NOVEMBRE. *Signe,* le Sagittaire. ♐

D. Q. le 5 , à 1 h. o' du matin. *Périgée le 8.*
N. L. le 11, à 6 h. 3' du soir.
P. Q. le 19, à 8 h. 12' du matin. *Apogée le 20.*
P. L. le 27, à 7 h. 30' du matin.

| JOURS, DATES et Noms des Saints. | | | Lev. du S | Cou. du S | Lever de la L. | | Couch. de la L | |
|---|---|---|---|---|---|---|---|---|
| | | | H. M. | H. M. | H. | M. | H. | M. |
| 1 | v. | TOUSSAINT. | 7 5 | 4 54 | Soir. | 7 37 | 10 Mat. | 53 |
| 2 | s. | *C. des Morts.* | 7 7 | 4 53 | Soir. | 8 29 | 11 Mat. | 57 |
| 3 | D. | s. Hubert , év. | 7 8 | 4 51 | 9 | 33 | 0 Soir. | 54 |
| 4 | l. | s. Charles B. | 7 10 | 4 49 | 10 | 44 | 1 Soir. | 39 |
| 5 | m. | s. Zacharie, p. | 7 11 | 4 48 | 11 | 59 | 2 | 16 |
| 6 | m. | s. Léonard , c. | 7 13 | 4 46 | Matin. | | 2 | 49 |
| 7 | j. | s. Ernest, évêq. | 7 15 | 4 45 | 1 | 17 | 3 | 17 |
| 8 | v. | Les 4 SS. cour. | 7 16 | 4 43 | 2 | 39 | 3 | 41 |
| 9 | s. | s. Mathurin, c. | 7 18 | 4 42 | 3 | 58 | 4 | 4 |
| 10 | D. | s. Juste, évêq. | 7 19 | 4 40 | 5 | 18 | 4 | 28 |
| 11 | l. | s. Martin, arc. | 7 21 | 4 39 | 6 | 37 | 4 | 55 |
| 12 | m. | s. René , évêq. | 7 22 | 4 37 | 7 | 56 | 5 | 25 |
| 13 | m. | s. Homobon, c. | 7 24 | 4 36 | 9 | 11 | 6 | 0 |
| 14 | j. | s. Albéric, év. | 7 25 | 4 34 | 10 | 19 | 6 | 44 |
| 15 | v. | s. Eugène, év. | 7 27 | 4 33 | 11 | 19 | 6 | 35 |
| 16 | s. | s. Edmond, ar. | 7 28 | 4 32 | Soir. | 0 10 | 8 | 32 |
| 17 | D. | s. Grégoire, év. | 7 29 | 4 30 | Soir. | 0 51 | 9 | 33 |
| 18 | l. | s. Odon, abbé. | 7 30 | 4 29 | 1 | 23 | 10 | 37 |
| 19 | m. | ste. Elisabeth. | 7 32 | 4 28 | 1 | 50 | 11 | 42 |
| 20 | m. | s. Félix de Val. | 7 33 | 4 26 | 2 | 13 | Matin. | |
| 21 | j. | Prés. de N.-D. | 7 34 | 4 25 | 2 | 34 | 0 | 46 |
| 22 | v. | ste. Cécile, v. | 7 35 | 4 24 | 2 | 52 | 1 | 51 |
| 23 | s. | s. Clément, p. | 7 37 | 4 23 | 3 | 9 | 2 | 55 |
| 24 | D | ste. Flore, v. | 7 38 | 4 22 | 3 | 29 | 4 | 1 |
| 25 | l. | ste. Catherine. | 7 39 | 4 21 | 3 | 52 | 5 | 8 |
| 26 | m. | s. Pierre d'Al. | 7 40 | 4 19 | 4 | 17 | 6 | 18 |
| 27 | m. | s. Maxime, év. | 7 41 | 4 18 | 4 | 47 | 7 | 29 |
| 28 | j. | s. Sosthène. | 7 42 | 4 17 | 5 | 26 | 8 | 39 |
| 29 | v. | s. Saturnin, m. | 7 43 | 4 16 | 6 | 16 | 9 | 45 |
| 30 | s. | s. André , ap. | 7 44 | 4 15 | 7 | 16 | 10 | 45 |

## DECEMBRE. *Signe*, le Capricorne. ♑

D. Q. le 4, à 8 h. 39′ du matin. *Périgée le* 4.
N. L. le 11, à 7 h. 21′ du matin. *Apogée le* 18.
P. Q. le 19, à 5 h. 40′ du matin.
P. L. le 25, à 9 h. 39′ du soir. *Périgée le* 29.

| JOURS, DATES et Noms des Saints. | | | *Lev. du S* | | *Cou. du S* | | *Lever de la L.* | | *Couch. de la L.* | |
|---|---|---|---|---|---|---|---|---|---|---|
| | | | H. | M. | H. | M. | H. | M. | H. | M. |
| 1 | D. | *Avent.* | 7 | 45 | 4 | 15 | 8 | 27 Soir. | 11 | 35 Matin. |
| 2 | l. | ste. Bibiane. | 7 | 46 | 4 | 14 | 9 | 42 | 0 | 15 |
| 3 | m. | s. François X. | 7 | 47 | 4 | 13 | 10 | 59 | 0 | 47 |
| 4 | m. | ste. Barbe, v. | 7 | 48 | 4 | 12 | Matin. | | 1 | 15 |
| 5 | j. | s. Sabbas, abbé. | 7 | 49 | 4 | 11 | 0 | 16 | 1 | 39 |
| 6 | v. | s. Nicolas, év. | 7 | 49 | 4 | 10 | 1 | 33 | 2 | 1 |
| 7 | s. | s. Ambroise. | 7 | 50 | 4 | 10 | 2 | 50 | 2 | 23 |
| 8 | D. | *Conc de N. D.* | 7 | 51 | 4 | 9 | 4 | 7 | 2 | 47 |
| 9 | l. | ste. Léocadie. | 7 | 51 | 4 | 9 | 5 | 24 | 3 | 13 |
| 10 | m. | ste. Valère, v. | 7 | 52 | 4 | 8 | 6 | 39 | 3 | 45 |
| 11 | m. | s. Damase, p. | 7 | 52 | 4 | 7 | 7 | 51 | 4 | 25 |
| 12 | j. | ste. Constance. | 7 | 53 | 4 | 7 | 8 | 56 | 5 | 13 |
| 13 | v. | ste. Luce, v. m. | 7 | 53 | 4 | 7 | 9 | 52 | 6 | 7 |
| 14 | s. | s. Nicaise. | 7 | 54 | 4 | 6 | 10 | 38 | 7 | 8 |
| 15 | D. | s. Mesmin. | 7 | 54 | 4 | 6 | 11 | 13 | 8 | 11 |
| 16 | l. | s. Adélaide. | 7 | 54 | 4 | 6 | 11 | 41 | 9 | 16 |
| 17 | m. | ste. Olympiade | 7 | 54 | 4 | 5 | 0 | 5 Soir. | 10 | 21 |
| 18 | m. | s. Gatien. 4 *T.* | 7 | 55 | 4 | 5 | 0 | 26 | 11 | 24 |
| 19 | j. | s. Timothée. | 7 | 55 | 4 | 5 | 0 | 45 | Matin. | |
| 20 | v. | s. Philogone 4 *T* | 7 | 55 | 4 | 5 | 1 | 4 | 0 | 27 |
| 21 | s. | s. Thomas 4 *T.* | 7 | 55 | 4 | 5 | 1 | 22 | 1 | 32 |
| 22 | D. | s. Flavien. | 7 | 55 | 4 | 5 | 1 | 42 | 2 | 39 |
| 23 | l. | ste. Victoire. | 7 | 55 | 4 | 5 | 2 | 4 | 3 | 46 |
| 24 | m. | s. Delphin *V. J.* | 7 | 55 | 4 | 5 | 2 | 32 | 4 | 56 |
| 25 | m. | NOEL. | 7 | 55 | 4 | 5 | 3 | 8 | 6 | 7 |
| 26 | j. | s. *Etienne*, m. | 7 | 54 | 4 | 6 | 3 | 53 | 7 | 17 |
| 27 | v. | s. Jean, évang. | 7 | 54 | 4 | 6 | 4 | 50 | 8 | 21 |
| 28 | s. | ss. Innocens. | 7 | 54 | 4 | 6 | 5 | 58 | 9 | 15 |
| 29 | D. | s. Thomas de C. | 7 | 53 | 4 | 7 | 7 | 14 | 10 | 10 |
| 30 | l. | s. Sabin, évêq. | 7 | 53 | 4 | 7 | 8 | 34 | 10 | 37 |
| 31 | m. | s. Sylvestre. | 7 | 53 | 4 | 7 | 9 | 52 | 11 | 6 |

# MÉTÉOROLOGIE.

*Températures moyennes* probables *pour chaque mois de l'année* 1833.

| Année 1833. | J. de Pluie. | Vents dominans | Températures. |
|---|---|---|---|
| Janvier | 6 | N. | Froide. |
| Févr er | 15 | N. E. | Humide. |
| Mars. . | 4 | N. | Sèche. |
| Avril. . | 10 | E. | Variable. |
| Mai . . | 7 | S. | Agréable. |
| Juin. . | 14 | S. E. | Tempérée. |
| Juillet. | 5 | E. | Chaude. |
| Août. . | 9 | S. O. | Agréable. |
| Sept. . | 19 | O. | Humide. |
| Octob.. | 10 | N. O. | Fraîche. |
| Nov. .. | 13 | E. | Variable. |
| Déc. .. | 12 | N. | Froide. |

## EGLIPSES.

Il y aura cette année cinq Eclipses, dont deux de Soleil et trois de Lune.

La première Eclipse de Soleil, invisible à Paris, aura lieu le 20 Janvier.

La deuxième Eclipse de Soleil, visible à Paris, aura lieu le 17 Juillet, Commencement à 4 h. 54 m. du matin; fin à 6 h. 38 m.

La première Eclipse de Lune, en partie visible à Paris, aura lieu le 6 Janvier. Commencement à 6 h. 52 m. du matin; fin à 9 h. 13 m.

La seconde Eclipse de Lune, visible à Paris, aura lieu les premier et 2 Juillet. Commencement de l'Eclipse le premier Juillet, à 11 h. 10 m. 2/3 du soir, fin à 2 h. 27 m. 1/3.

La troisième Eclipse totale de Lune, visible à Paris, aura lieu le 26 Décembre. Commencement à 7 h. 52 m. 1/4 du soir, fin à 11 h. 29 m. 1/4.

# ÉPOQUES.

Ce sont des points fixes de temps, d'après lesquels on compte les années. On emploie, comme rendez-vous commun de toutes les époques ou ères connues, une période faite de 1981 années Juliennes.

L'époque Juive en est l'an . . . . . . . 962
L'ère des Olympiades l'an. . . . . . . 2948
L'époque de la Fondation de Rome. . . 3969
L'ère Persane ou de Nabonassar . . . . 3975
L'ère Chrétienne l'an . . . . . . . . 4722
L'ère Mahométane ou l'Hégire. . . . . 5344

A l'année 6539 de la même période répondent toutes les années actuelles, qui sont:

Pour les Juifs l'an . . . . . . . . . 5593
Pour les anciens Grecs l'an . . . . . 2607
Pour les anciens Romains l'an. . . . 2584
Pour les anciens Perses l'an. . . . . 2580
Pour les Chrétiens l'an . . . . . . . 1833

L'année 1248 des Turcs a commencé le 31 Mai 1832, et finira le 20 Mai 1833, selon l'usage de Constantinople.

---

### Élévation du Pôle.

La latitude ou l'élévation du Pôle à Paris, est de 48 degrés 50 m. 14 s.

### Diamètre du Soleil.

Le diamètre du Soleil se voit sous un angle de 32 m. 30 s. en hiver, et 31 m. 30 s. en été.

### Obliquité apparente de l'Ecliptique.

Le 1 Janvier, 23 degrés 27 m. 32 s. 7.

### Ascension droite moyenne du Soleil.

Le 1 Janvier 6 h. 40 m. 30 s.

### Lieu ou longitude de la Lune.

♈ A. Equinoxe descendant, lorsqu'elle passe dans les signes boréaux.

♎ B. Equinoxe ascendant, lorsqu'elle entre dans les signes méridionaux.

— La Lune appartient au mois où elle finit.

# LA JEUNE AVEUGLE.

**Andante.**

A cet âge heu – reux de la

vi – e Où tout sé – duit et

pa – raît beau, Mes

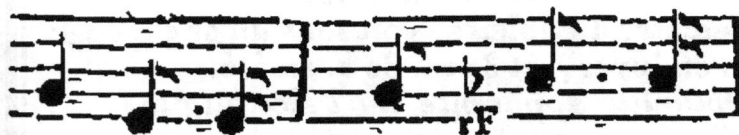

yeux sont cou-verts d'un ban –

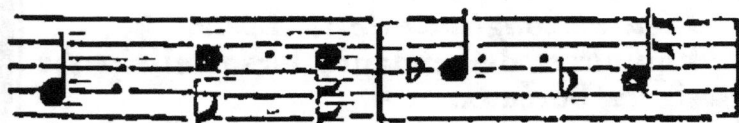

deau, La lu – mière, hé –

las ! m'est ra — vi — — — —

e ! La lu — mière, hé —

las ! m'est ra — vi — — — —

e ! Ma bonne

sœur, gui - de mes pas trem - blans;

Je veux m'as — seoir sur

les ver - tes fou - gè - res,

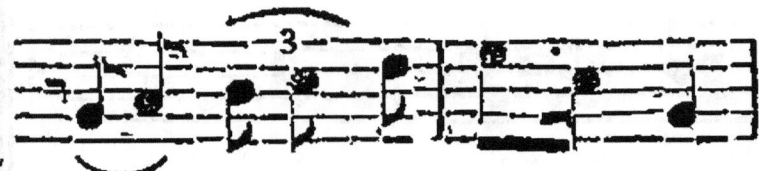

Au milieu des ber - gè - res.

Qui chantent le prin -

temps, Au milieu des ber -

gè - res Qui chantent le prin-

temps.

Ah ! qu'il est doux de voir éclore
La verdure et l'émail des fleurs !
Ou de voir briller les couleurs
Où se peint la naissante aurore !
    Ma, etc.

Du moins dans cette nuit cruelle
Dont gémit mon cœur attristé
Le plus grand des biens m'est resté,
Ma sœur, ma compagne fidèle.
    Ma, etc.

# L'ÉPITAPHE.

AIR : *Femmes voulez vous éprouver ?*

GRIPPARDIN, tant qu'il a vécu,
Bien qu'il regorgeât de finance,
Ne dépensa pas un écu
Pour en secourir l'indigence.
Mais il est mort ; en marbre blanc
On lui dresse un beau cénotaphe.
Grippardin était bienfaisant,
Je l'apprends par son épitaphe.

# LA VEILLÉE

## DE LA MÈRE SIMONNE.

### Air à faire.

Vite! à la veillée accourons!
Portez le fauteuil du bon père,
Le vieux rouet de la grand'mère
Et le banc des jeunes garçons !
   Que l'on soit sage ,
   Et que l'ouvrage
Aille son train tout en causant !
   Vous pouvez rire,
   Jaser, médire ;
Mais que ce soit en travaillant.
Point de tapes! point d'amourettes!
Les baisers font perdre du temps.
Chantez, chantez, jeunes fillettes,
Filez, filez, bonnes mamans !

Est-il bête à faire plaisir,
Ce p'tit Lucas ? Quelle figure !
Ces grands yeux ouverts !...   Je
   vous l'jure,

J'ons entendu comme un soupir....
    Dame ! je veille,
    Prêtez l'oreille !
Comme moi vous pouvez l'ouvrir...
    J'sais m'y connaître,
    Ce ne peut être
Qu'un revenant qui veut r'venir...
Quel train ! croyez-vous ces sor-
    nettes ?
En place ! en place ! mes enfans...
Chantez, chantez, jeunes fillettes !
Filez, filez, bonnes mamans !


Simonn', les garçons, voyez-vous,
S'entendent comm' larrons en foire,
Et Lucas n'a fait cette histoire
Que pour nous faire peur à tous.
    De ce tumulte
    V'là qu'il résulte
Que c'est à qui s'embrassera....
    J'ai vu Lisette,
    J'ai vu Fanchette,
J'ai vu... le curé le s'aura.
C'est faux ! c'est faux ! fi ! les co-
    quettes !
La paix ! ne perdons pas de temps !

Chantez, chantez, jeunes fillettes!
Filez, filez, bonnes mamans!

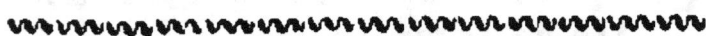

Quel bruit!.. on frappe assurément..
Mon fils Bastien !... est-il possible !
Oui, ce l'est! ô mère sensible,
Avec les galons de sergent !
    Je viens d'Afrique
    D'où je me pique
D'avoir montré quelque valeur.
    V'là le cach'mire
    Dont je désire
Couvrir l'objet de mon ardeur.
Continuez, belles brunettes!
Au pays je suis pour long-temps.
Chantez, chantez, jeunes fillettes,
Filez, filez, bonnes mamans!

~~~~~~~~~~~~~~~~~~~~~~~~~~~~

## LE VIEUX MARIN.

### AIR à faire.

J'AI combattu long-temps pour la
    patrie,
Je devins vieux ; renvoyé du vais-
    seau,
Pauvre marin ! au déclin de la vie,

Pour vivre , hélas ! je me fais
porteur d'eau.
A l'eau ! à l'eau :
C'est le refrain
Du vieux marin ;
A l'eau ! à l'eau !
Voici le porteur d'eau.

Durant trente ans j'ai parcouru le
monde ;
Mais à présent quel étrange retour !
Pendant long-temps je fus porté
sur l'onde ,
Et maintenant je la porte à mon
tour. A l'eau !

Le vain éclat que la fortune donne
N'empêche pas de descendre au
tombeau ;
Content du sort , et n'enviant
personne ,
Je vis heureux et traîne mon ton-
neau. A l'eau !

# LA CUIRASSIÈRE,

## OU

## CONSEILS DE M.elle FRANÇOISE A SA PAYSE.

AIR. *Du Dieu des bonnes gens.*

IMITE-môi, ma petite Simonne,
Prends un amant dans les bons
    luméros ;
Jette la pomme aux enfans de
    Bélonne,
Z'il est si doux d'être aimé d'un
    n'héros ! !
Crains le pompier, z'il boit, z'il
    est colère ;
Crains le dragon, z'il est trop
    cavayer ;
Veux-tu qu'il susse aimer, battre
    z'et plaire,
Prends-môi z'un cuirassier !...

Pour l'uniforme, elle est bien
    séduisante ;
En la traçant l'Amour s'a surpassé ;

Pour d'autres yeux, que ceux de
    son amante
Le cuirassier z'a le cœur cuirassé.
De l'honesté rien ne peut le dis-
    traire,
Il sait z'unir le thym z'au doux
    laurier ;
Veux-tu z'un corps civil et militaire
Prends-moi z'un cuirassier!...

Chez Dénoilliez j'étais t'à la Cour-
    tille ,
Un   cuirassier   z'entreprit   mes
    progrès ;
Au bout d'un mois , de file z'en
    aiguille ,
J'étais t'alors forte sur le français.
J'épèle et signe avec ma pataraffe ;
Je parle bien, z'on ne peut le nilier;
Veux-tu savoir ta langue et l'osto-
    graphe,
Prends-moi z'un cuirassier!...

Dans un bosquet z'ou bien qu'on
    soit z'à tabe ,
Il n'a jamais éfraillié la pudeur ;
Et la Beauté z'est bien plus respec-
    tabe

Lorsqu'on la voit z'au bras d'un
 fier vainqueur.
Sure ton choix ne crains pas qu'on
 te vesque,
Pour l'ennemi, s'il a z'un cœur
 d'acier,
Il s'attendrit z'avecque le beau
 sesque....
Prends-moi z'un cuirassier!

Je crois te voir, z'avec ta con-
 naissance,
Z'au grand Salon, z'ou bien chez
 Bobinot;
Là tu prendras du bon ton, de
 l'aisance,
En te fraillant z'aux genses comme
 il faut.
Car l'amitié, l'amour z'et la folie,
De tes jours vont zégailler le
 sentier:
Quelle avenir touchante z'et jolie!.!
Prends-moi z'un cuirassier!

# LE SAINT-SIMONISME,

## ou

## LA RELIGION DU PROGRÈS.

AIR : *J'ons un curé patriote.*

NAGUÈRE est mort un grand
      homme
A Paris préconisé,
Proclamé saint, quoique Rome
Ne l'ait pas canonisé :
Sa doctrine est un trésor,
Elle promet l'âge d'or.
     Quel patron !
     Quel patron !...
De la nouvelle Sion
Chantons l'apôtre Saint-Simon !

A chacun, suivant ses œuvres,
Sera la loi désormais.
Industriels et manœuvres,
Croyez au dieu du progrès ;
Dans ce monde, mes amis,
Vou aurez le Paradis.   Quel, etc.

Si tu veux manger, travaille!
L'Évangile nous le dit.
Il n'aura ni sou ni maille
L'homme oisif et sans esprit.
L'abondance aux travailleurs!
La pitance aux grands seigneurs!
  Quel, etc.

Vous, ouvriers prolétaires,
Mariez-vous et peuplez!
Choisissez des ouvrières!
Vos profits seront doublés.
Le grand Saint-Simon rira,
Et vos enfans nourrira. Quel, etc.

La femme est émancipée,
De l'homme elle a tous les droits;
Sa carrière inoccupée
Va s'ouvrir aux grands emplois;
Et l'on verra, j'en réponds,
Des magistrats en jupons. Quel, etc.

Dans quelle mer de délices
Va nous plonger le progrès!
Plus de passions, de vices!
Les hommes seront parfaits;
Ils auront la liberté,
Et, surtout, l'égalité. Quel, etc.

Aspirez, objets aimables,
A former les plus doux nœuds !
Vous n'aurez que des capables
Qui rempliront tous vos vœux ;
Car leur science en amour
Grandira de jour en jour. Quel, etc.

Dans leur religion pure,
Les prêtres sont mariés ;
Les désirs de la nature
Seront moins contrariés.
La grande capacité
Obtiendra la papauté.    Quel, etc.

L'idée est vraiment polie
D'avoir un pape amoureux
Qu'une papesse jolie
S'évertue à rendre heureux !
Et quelle postérité
Naîtra de Sa Sainteté ! Quel, etc.

On dit la doctrine impie,
Oh ! quel mensonge odieux !
La doctrine est l'Utopie
Où tout ira pour le mieux ;
Contenant et contenu,
Tout est Dieu, c'est reconnu.

Quel patron !
Quel patron !
De la nouvelle Sion
Chantons l'apôtre Saint-Simon !

# QUE J'AI RI.

## CHANSONNETTE.

AIR du vaudeville de *la Partie carrée.*

NOTRE vieux bailli, que c'est
    drôle !
Un soir qu'il faisait presque nuit,
Dit, en me frappant sur l'épaule :
« Lise, silence ! pas de bruit !
Quand les filles de ce village
Me veulent toutes pour mari,
Je te choisis, toi, la plus sage... »
    Oh ! mon Dieu, que j'ai ri !

« Aimer, c'est le bonheur suprême ;
Être aimé vaut mieux, je le croi ;
Et si tu me dis : Je vous aime,
Je serai plus heureux qu'un roi.
Devant toi, je suis en extase,

Je tremble, et d'amour je maigri;
Vois... » Il ne put finir sa phrase.
   Oh ! mon Dieu, que j'ai ri !

« Ne ris donc point, je t'en supplie,
Je parle sérieusement...
Gage de l'amour, qui nous lie,
Accepte ce bouquet charmant !
Je puis bien, sans te compromettre,
Le placer sur ton sein chéri... »
Et je ne voulus point permettre...
   Oh ! mon Dieu, que j'ai ri !

« Il est tard, la nuit est propice,
Entrons-tous deux dans le taillis...»
Je m'échappe, et Pierre se glisse
Aùx bras du plus sot des baillis...
« Lise ; allons, cède à ma prière !
Un baiser... ou bien je péri. .»
« Prenez - en deux , vivez, dit
    Pierre... »
   Oh ! mon Dieu , que j'ai ri !

# LE LOUP-GAROU.

## RONDE.

Venez, gentilles bergerettes,
Venez avec moi sous l'ormeau;
Laissez-là vos chiens, vos hou-
lettes,
Je vais vous dire un fabliau.

C'est le fabliau du Loup-Garou ; vous y
verrez comme quoi la jeune Colette a été
surprise un soir dans le grand bois; car

Seulettes,
Filettes,
Prenez bien garde à vous!
Pauvrettes,
Vous êtes
En proie aux Loups-
Garous.

Un soir, la petite Colette
S'en allait toute seule au bois,
Un Loup-Garou, de sa ca-
chette,
Guettait la belle en tapinois.

Or, ce Loup-Garou, c'était Lucas, le fils du gros Mathurin, vous savez.... L'histoire ne dit pas ce qu'il fit à Colette; cependant

Seulettes,
Fillettes,
Prenez bien garde à vous !
Pauvrettes ,
Vous êtes
En proie aux Loups-
Garous.

Depuis ce jour notre Colette
Ne vient plus danser sous
l'ormeau ;
On dit même que la pauvrette..
Mais là finit le fabliau.
C'est que, voyez-vous, il y a de ces choses dont...

Seulettes,
Fillettes,
Prenez bien garde à vous !
Pauvrettes,
Vous êtes
En proie aux Loups-
Garous.

# SORRENTE.

## BALLADE.

AIR: *J'ai père et mère en France.*

SORRENTE, doux rivage,
Espoir des matelots,
Les parfums de ta plage
Nous guident sur les flots.
Consultez les étoiles,
Vous qu'attend le danger !
Moi je guide mes voiles
Où fleurit l'oranger.

Ici mon toit de chaume
A pour moi plus d'attraits
Que le superbe dôme
Du plus riche palais.
Pour la fleur du courage
Va combattre, guerrier !
Ma cabane s'ombrage
D'un paisible laurier.

Que Nisida m'enchante !
Qu'elle est belle sa main !
Que sa voix est touchante

Quand elle dit : Demain !
Chacun cherche à lui plaire ,
Moi seul suis écouté ;
Tous craignent sa colère ,
Je ris de sa fierté.

Les filles de Sorrente
Imitent ses atours ;
Son corsage amarante
Aux lacets de velours.
Les bandeaux d'une reine
Sont bien moins enviés
Que les nattes d'ébène
Qui tombent à ses pieds.

L'éclat d'une couronne
Tenterait moins mes vœux
Qu'un bouton d'anémone
Caché dans ses cheveux.
Tous les mets qu'on arrange
Pour la table des Rois
Valent-ils une orange
Que partagent ses doigts ?

Rien ne me fait envie ,
Tout rajeunit mon cœur ,
Et j'ai fait de ma vie
Un long jour de bonheur.
Jamais je ne prolonge

Les heures du sommeil ;
Il n'est point d'heureux songe
Qui vaille mon réveil.

Je prie, et Dieu m'envoie
Ce que j'ai désiré ;
Et c'est encor de joie
Qu'un seul jour j'ai pleuré.
Ah ! si Dieu que j'adore
Au ciel m'a destiné,
J'y veux choisir encore
Tout ce qu'il m'a donné.

~~~~~~~~~~~~~~~~~~~~~~~~~~~~~~~~

# PITIÉ, AMITIÉ, AMOUR.

## ROMANCE.

AIR : *Ce que j'éprouve en vous voyant.*

Au doux éclat de tes beaux yeux,
J'ai perdu mon indifférence ;
Mais, insensible à ma souffrance,
Je te vois repousser mes vœux. *b.*
Quand douce flamme me tour-
    mente,
Quand mon bonheur dépend de
    toi, ( *bis.* )

Ah ! qu'à ton cœur, femme char-
    mante,
Douce Pitié parle pour moi !

Ton front se couvre de rougeur ;
Des pleurs humectent ta paupière ;
Sensible enfin à ma prière,
Oui, la pitié parle à ton cœur. (b.)
Mais la pitié compatissante
N'est plus ce que j'attends de toi. b.
Ah! qu'à ton cœur, femme char-
    mante,
Douce Amitié parle pour moi !

Précieux et divin trésor,
Amitié, sentiment si tendre,
Quand je t'obtiens, j'ose prétendre
A bien plus de bonheur encor. b.
L'amitié n'est plus suffisante
Pour que je sois heureux par toi. b.
Ah ! qu'à ton cœur, femme char-
    mante,
Amour aussi parle pour moi !

# LES GLANEURS.

## CHANSON.

Air du vaudeville de *Monsieur Guillaume.*

Les villageois quittent la plaine
La douce joie est peinte sur leurs
    traits ;
Car de gerbes la grange est pleine
Sur eux le ciel a versé ses bienfaits.
Reconnaissant de l'abondance
Qu'à l'Eternel il plaît de lui donner,
L'homme des champs sourit à
    l'Indigence ,
    Et l'invite à glaner.

A peine l'aurore vermeille
A l'horison fait briller ses couleurs,
Que nous voyons l'active abeille
Légèrement pomper le suc des fleurs.
    Elle regagne sa retraite ,
Et quand il vient à son tour butiner,
Le lourd frelon trouve la moisson
    faite ,
    Et ne peut que glaner.

L'Amour de l'innocente Annette .
A quatorze ans convoite les appas ;
  bientôt de la simple fillette
Heureux vainqueur, le traître en
  rit tout bas.
  Hymen paraît; Amour s'esquive.
Et dans le champ qu'il vient d'aban-
  donner,
Son pauvre frère, hélas! quand il
  arrive,
  Ne trouve qu'à glaner.


Pendant vingt ans entiers le monde
Vit en tous lieux triompher nos
  soldats ;
Un seul jour, ô douleur profonde! .
Vint nous ravir le fruit de cent
  combats ;
Mais dans les champs de la Vic-
  toire
Peu de lauriers restaient à mois-
  sonner,
Et l'étranger, dont on vante la
  gloire,
  Ne trouva qu'à glaner.

# L'HEUREUSE SÉCURITÉ.

## CHANSONNETTE.

Air : *Lon lan la landerirette*, ou
*du bon pasteur.*

Notre magister nous conte
Qu'on vend tout dans les cités,
Les noms de duc et de comte,
Les rubans, les dignités ;
Santé, bonheur et courage,
On n'achète pas cela.
Gai, ma Lison, notre village
Est à l'abri de ces coups-là.

Depuis que la jeune Adèle
Quitta Lubin pour Mondor,
Un baiser pour l'infidèle
Ne vaut plus qu'un louis d'or.
Pour ton cœur une caresse
Vaut toujours le prix qu'elle a.
Gai, ma Lison, notre tendresse
Est à l'abri de ces coups-là.

D'or, de satin et d'hermine
Un riche orne son chevet ;
Mais son luxe le ruine ;
Adieu pourpre, adieu duvet ! ·
L'Amour nous couvre en cachette
Du lin que ta main fila.
Gai, ma Lison, notre couchette
Est à l'abri de ces coups-là.

Notre seigneur sur la rente
A gagné des millions ;
Mais la fortune est changeante...
Il glane dans nos sillons !
Par notre peine commune
Ton petit champ se doubla.
Gai, ma Lison, notre fortune
Est à l'abri de ces coups-là.

Tu vis sur des bords arides
Le roi du monde attaché ;
Tu vis à des rois perfides
Le diadême arraché ;
Chaque matin nous redonne
Les fleurs qu'un jour effeuilla.
Gai, ma Lison, notre couronne
Est à l'abri de ces coups-là.

# I DONT LOVE YOU.

## ( JE NE VOUS AIME PAS. )

### ( mot donné. )

AIR: *De ma Céline amant modeste.*

POURQUOI donc, aimable Julie,
Vous qu'on aime sans le vouloir,
Nous forcer à l'apostasie ?
Pourtant je ferai mon devoir.
Mais en vain jurera ma bouche
Mon cœur viendra la démentir ;
Cruelle, si rien ne vous touche,
L'Amour saura bien vous punir.

Eh ! bien, ce mot, je vais le dire.
Non, non, je ne vous aime pas !
Quand sans raison je vous vois rire
Aux propos du sot Dorilas
Vous voulez paraître volage,
Vous voulez des soins assidus,
Vous dédaignez mon tendre homm-
mage,
Non, non, je ne vous aime plus.

Voilà donc ma tâche accomplie,
A présent, j'ai droit en retour
De vous sommer, belle Julie!
De n'écouter que mon amour!
Ma bouche obéit au caprice
Plus mutin est mon pauvre cœur
Il n'entend rien à l'artifice
Est vous chérir, est mon bonheur.

   Fréd. D'ORDAIN, de Cambrai.

~~~~~~~~~~~~~~~~~~~~~~~~~~~~~~~~~~~~~~~

# LE
# SAVETIER PHILOSOPHE.

### RONDE.

Artiste, marchand, magistrat,
Militaire, bourgeois, canaille,
Faut voir comm' tout ça travaille
Pour sortir de son état;
Tandis qu'chacun s'tourmente,
Du matin au soir je chante:
J'suis sav'tier, mais j'suis content
Et v'là mon tempéramment.

J' fais gaîment mes quat'repas,
Et j'bois mon p'tit coup d'rogome,
D' l'appetit j'en ai tout comme

L'ventre l'plus gros et l'plus gras.
Pour du crédit ça fait brosse,
Je n'roul'rai jamais carosse ;
J'n'ai pas l'sou mais j'suis content *b*.
Et v'là mon tempérament. ( *bis.*)

Chaqu' dimanche dès l'matin
Je m'installe à la Courtille,
J' peux ben dire que j'y brille,
Et qu'j'en r'passe au plus malin ;
L'l'undi j'y dors sous la table
L' mardi ma femm' me fait
     l'diable,
J' suis Rossé, mais j'suis content,
Et v'là mon tempérament.

Quand Margot m'a ben claqué,
Si je m' fâche, ell' fuit, j' l'at-
     trappe
A mon tour aussi moi j' t'appe,
La garde vient, j'suis bloqué ;
Mais toujours plus téméraire,
J' leux dis : vous avez beau faire,
J' suis coffré, mais j'suis content
Et v'là mon tempérament.

On dit qu'si Monsieur Charlet
M'a peint z'en caricature,

C'est qu'il n'a, dans la nature,
Rien trouvé qui fût plus laid.
J'sais bien que j' suis un peu louche
qu'j'ai queuq'dents d' moins dans la
      bouche
J'suis pas beau, mais j'suis content,
Et v'là mon tempérament.

J' peux ben dire sans m' vanter
Que je suis d'une fière étoffe ;
Car, morgué j' suis philosophe,
Et rien n'peut me démonter,
Si que'qu' jour j'étouff' de rire,
Au vieux Pluton j'irai dire
J'suis défunt, mais j' suis content,
Et v'là mon tempérament.

Imprimerie de VANACKERE, fils, Libraire,
place du Théâtre, N.º 10, a Lille.

www.ingramcontent.com/pod-product-compliance
Lightning Source LLC
LaVergne TN
LVHW020951090426
835512LV00009B/1823